PAROLES

PRONONCÉES AUX OBSÈQUES

DE

M. Pierre de Champeaux de la Boulaye

PAR

M. L'ABBÉ BŒHRER

Directeur de l'École Saint-Charles

SAINT-BRIEUC, LE 12 FEVRIER 1889

—

SAINT-BRIEUC

L. CONOR-GRENIER, LIBRAIRE

MES CHERS ENFANTS,

Bien fréquents ont été pour nous, cette année, les coups de la mort, et à différentes reprises, depuis la rentrée, j'ai eu la pénible mission d'annoncer à l'un ou à l'autre d'entre vous le départ pour l'éternité d'un parent bien-aimé.

Tous les jours, la mort nous avertit que nous ne faisons que passer sur la terre, mais combien ces avertissements deviennent éloquents, saisissants, lorsqu'elle vient frapper à côté de nous, pour ainsi dire entre nos bras, un être qui nous est cher!

Réunis autour de ce tombeau qui vient de s'ouvrir d'une manière si foudroyante, nous venons rendre un dernier hommage, dire un adieu suprême à celui qui, hier encore plein de vie, de fraîcheur et de santé, était assis à côté de vous sur les bancs de l'école; et, en courbant nos fronts devant les décrets insondables de la Providence toujours miséricordieuse, nous trouverons dans les sentiments de notre foi une espérance et une consolation.

Oui, mes chers amis, je le sais, vos cœurs ont été jetés dans une inexprimable angoisse quand vous avez appris la terrible nouvelle; vous avez suivi avec inquiétude les progrès du mal, et bien des larmes ont coulé quand on vous a dit que tout était fini. Aussi, je veux vous adresser une parole de consolation à vous tous qui avez connu et aimé ce condisciple que nous pleurons, à tous ses amis consternés et surtout à cette mère si cruellement frappée dans l'objet de sa plus chère, de son unique affection en ce monde.

Du reste, le souvenir qu'il laisse au milieu de nous est bien celui d'un écolier sérieux, d'un jeune homme chrétien dans toute l'acception du mot, et c'est dire assez qu'en parlant de lui il me sera facile de vous édifier, de vous instruire et de vous consoler.

Ce que fut Pierre de Champeaux comme élève, vous le savez aussi bien que moi; il brillait au premier rang par son intelligence, son travail et ses succès. Chaque année lui procurait la joie de déposer sur les genoux de sa mère les nombreuses couronnes que lui avaient méritées ses efforts, et le Livre d'Or de l'école, où sont inscrits les noms de ceux qui passent les années sans défaillance, atteste la consciencieuse régularité qu'il apportait dans l'accomplissement de ses devoirs. S'il avait conscience des talents qu'il devait à la bonté de Dieu, il mettait tout son soin à les faire fructifier, se préparant dans la belle et périlleuse carrière qu'il s'était choisie, à rendre à son pays tous les services qu'on était en droit d'attendre de lui.

Aux dispositions supérieures d'une intelligence d'élite s'ajoutaient, chez votre cher condisciple, les qualités plus précieuses d'un cœur aimant et généreux par lesquelles il avait su se concilier l'estime de ses maîtres et l'affection de ses camarades. Vous, mes chers Enfants, qui fûtes les témoins de sa vie, vous savez avec quelle franche cordialité il traitait ses amis, ajoutant à l'autorité de ses exemples un avis charitable ou une délicate admonestation. Ses maîtres n'oublieront pas avec quelle reconnaissance il recevait leurs indications, et tous se rappelleront avec quelle noble simplicité il s'approchait chaque semaine de la Table sainte pour y chercher force et lumière, grâce et courage. Y avait-il du bien à faire, un exemple entraînant à donner, il était au premier rang!

Membre actif de l'Académie d'émulation et de la Conférence de Saint-Vincent-de-Paul, il avait été choisi par les suffrages de ses

condisciples comme dignitaire de la Congré-
gation de la T. S. Vierge. C'est dans son
amour filial pour cette seconde Mère que je
veux trouver le gage le plus certain de sa
prédestination; car je le dis avec une satisfac-
tion que vous comprendrez facilement, votre
ami, notre enfant, fut élevé d'une façon toute
particulière sous cette douce influence de la
dévotion à Marie.

C'est à des religieux de Marie qu'il fut
confié par sa pieuse mère, dès l'âge le plus
tendre et pendant toute sa vie d'écolier; c'est
son premier maître, serviteur de Marie, qui
lui apprit cette prière si connue : « *O ma
Souveraine, ô ma Mère!* » en l'engageant à la
réciter tous les jours. Je n'ai pas besoin de
vous dire que Pierre fut fidèle à cette recom-
mandation, et grande fut mon émotion en
apprenant que, quelques instants avant de
rendre le dernier soupir, ses lèvres défaillantes
avaient articulé très nettement toutes les paroles
de cette consolante prière!

Et comme Marie exauça le vœu de son pieux serviteur! Qui voudrait expliquer autrement cette catastrophe imprévue par laquelle fut tranchée dans sa fleur cette jeunesse si pleine d'espérances? Qui voudrait expliquer autrement le calme et là sérénité de cet adolescent jeté subitement au seuil de l'éternité? Dès qu'il se sentit frappé à mort, il fit le sacrifice de sa vie, se déclarant prêt à accepter toute la volonté du bon Dieu. Sans doute, il aurait désiré vivre encore (c'est si naturel à son âge!), mais il était chrétien, et, comme tel, il avait aussitôt porté son regard vers le Ciel, n'ayant plus qu'un désir, celui d'y arriver sûrement.

Dans sa miséricordieuse bonté, Dieu lui ménagea les secours suprêmes et si consolants de la religion; le cher malade reçut le saint Viatique avec une touchante piété, répondant aux prières qui se faisaient autour de lui avec un accent de foi dont nous garderons longtemps le souvenir. « Oh! que le bon Dieu est bon! »

disait-il; « oui, il est bien bon! et je l'aime de tout mon cœur! »

C'est dans ces sentiments de foi, d'amour et de piété, que s'écoulèrent les dernières heures du cher enfant, et, nouvelle marque de la protection de Marie, il expira dans la nuit du samedi au dimanche, à l'heure où commençait pour nous la fête de Notre-Dame-des-Victoires. C'est ainsi que dans les exemples de sa vie et jusque dans la mort, Pierre de Champeaux nous parle et nous instruit, nous édifie et nous console.

Et maintenant, mon cher enfant, que Dieu vous a réuni à votre père, connu à peine de vous ici-bas, nous gardons aussi l'espérance de vous revoir et c'est notre consolation. De votre lit de douleurs, vous faisiez dire vous-même à un de vos condisciples que vous vouliez le retrouver au Ciel... Tous ces jeunes gens, tous vos amis voudront prendre pour eux ce rendez-vous d'outre-tombe, et par une vie chrétienne et pure comme la vôtre s'efforceront de mériter la grâce de mourir saintement comme vous. Ils ne vous disent pas un éternel adieu, mais au revoir!

Et moi aussi, au nom de votre famille qui vous pleure, au nom des maîtres et des élèves de l'école Saint-Charles à qui le malheur de vous avoir perdu ne doit pas faire oublier le bonheur de vous avoir possédé, au nom de toute cette pieuse et sympathique assistance qui vous accompagne de ses prières, je vous dis au revoir, au revoir dans la bienheureuse éternité. Ainsi soit-il!

Saint-Brieuc, le 12 février 1889.